Dedicado a los padres que han explicado sus vivencias en las que se basa este cuento...

Copyright © 2019 por Miquel Gómez Marcillas, derechos de
edición en exclusiva para todos los países.

Autor: Miquel Gómez Marcillas

Ilustración y diseño grá ico: Elena Nieto Galván
http://www.ambitgra ic.com

Grafía musical: Joan Capafons
Corrección ortográ ica: Núria Rivera
Asesoramiento y consultoría editorial: www.capapublisher.com

Web: http://teacordsmdv.blogspot.com

Instagram: @diguesmhocantant
            @teacords
            @teacordsmdv

Copyright © Miquel Gómez
Teléfono de contacto: 661 978 648

ISBN 978-84-128237-1-4

3 era Edición 2024
Impresión La Casa Gráfica. Martorelles (Barcelona)

ReMi

un Niño que hace Solo

*

El título original, en catalán, es: ReMi, un nen que Fa Sol.
Este título condensa varias significaciones: que se trata de un niño que
tiene actividad propia, que se presenta a través de las notas musicales
y que tiene un valor como sujeto.

MMMMMEEEE ECCCC

MMMMMEEEE ECCC

ReMi y la madre están en la parada del bus y, cuando llega, suena la bocina para maniobrar. ReMi se tapa las orejas, llora y quiere irse a su casa. La madre le convence para ir andando a la escuela y no subir al bus.

Suena el timbre para entrar en la clase y ReMi se angustia de nuevo, se tapa las orejas, llora y quiere huir hacia su casa.
SE DEJA CONVENCER CUANDO LA MADRE LE DA SU COCHECITO PREFERIDO.
Y la madre, se va.

ReMi, no mira ni a la maestra ni a sus compañeros. Parece que lo hace sin dirigir la mirada a nadie. La maestra le da la mano y quiere que forme el corrillo junto a los otros niños. Los niños, obedientes, hacen corro. La maestra inicia un turno de presentación. Cada niño tiene su foto y la engancha en el velcro que hay en la parte baja de la paret.

Pero ReMi ha descubierto un teclado, similar al de su abuelo, con el que se pueden hacer sonoridades diferentes.
En el teclado toca notas hasta localizar dos que repite con insistencia, Fa+Sol, que produce un sonido disonante. Este sonido resulta molesto.
Hasta la mascota de la clase se tapa los oídos.

La maestra, harta, retira el teclado y coge de la mano a ReMi para que se incluya en el corrillo. Dice a los niños que ReMi no puede tocar el teclado y que tiene que hacer como sus compañeros que le hacen caso y que tiene que corregir su comportamiento.
La maestra coge la foto y lo lleva a la pared para que la enganche.

ReMi, como no tiene acceso al teclado, saca el cochecito de su bolsillo.
Se tumba en un rincón y mueve con habilidad las ruedas. Y dice, al aire, sin dirigirse a nadie "mec-mec", muy flojito.

La maestra lo ha visto y se siente molesta con la actitud y actividad solitaria de ReMi, porque no se implica en la clase. Lo piensa, pero no lo dice en voz alta. ¿Por qué ReMi no se comporta como los demás niños? ¿Por qué no los mira a la cara?

La maestra reconoce que no consigue motivar a ReMi.
Se pregunta si no tendría que ir a una escuela de educación especial para niños con autismo. Cree que, si ha de tener una atención específica con ReMi, no podrá dedicarse lo suficiente a los otros niños.

En la hora del patio, la maestra se encuentra con la compañera de P4 y le explica sus preocupaciones.

La compañera le responde que ella pasó por una situación similar y que — con el asesoramiento de profesionales — lo que le fue bién fue intentar fijarse en lo que le podía interesar, aunque eso no fuese lo que esperaba de él como maestra o como escuela. Y que cuando lo observase, se pusiera a su lado y lo acompañara en sus actividades. Los niños con autismo buscan la manera de resolver las angustias por sí mismos y les conviene alguien que los acompañe y respete sus particularidades.

Quieren un guía que les siga.

Conviene apreciar qué les puede angustiar y no intentar obligarles a hacer cosas que puedan aumentar su angustia.
Y, en primer lugar, esperar que acepten la compañía del otro.

Esto tampoco puede forzarse.

Cuando vuelve a la clase, recuerda que ReMi, al principio, ha empezado a tocar unas notas disonantes y después ha jugado con el cochecito. Desde que está en el aula, las únicas palabras que le ha escuchado han sido las del "mec-mec" discreto.

Para poner a prueba lo que le ha dicho su compañera, ha retornado el teclado a su lugar, sin decir a la clase lo que estaba haciendo. Mientras la maestra intenta consolar a un niño que añora a su madre, ReMi, pasando desapercibido,

de espaldas, se acerca a tocar el teclado.
ReMi insiste en tocar las notas
Fa+Sol, disonantes. La maestra
Ana, ve que los otros niños están
entretenidos un momento.

Se acerca al teclado y
toca lo mismo que ReMi,
una octava más abajo.

ReMi, al ver que la maestra toca lo mismo que él,
lo vuelve a tocar y canta "mec-mec".

MIRA VIVA Y ESPONTÁNEAMENTE A LA MAESTRA
Y LE SONRÍE POR PRIMERA VEZ.

La maestra, sorprendida e indecisa, le vuelve a imitar.
Ahora, tiene la clara sensación que han conectado y que ReMi

LE HA DADO ENTRADA.

Cuando la madre va a buscar a ReMi, pregunta a la maestra cómo les ha ido.
Ella le explica lo que ha pasado y sus preocupaciones. Respecto al incidente con
el teclado, la madre ve que lo que ha hecho ReMi tiene relación con lo que había
pasado en la parada del bus, donde ReMi se había angustiado.

A partir de este comentario, la maestra entiende que lo que ha hecho ReMi en el
teclado, ha sido representar el sonido del bus que, en un primer momento,

le ha angustiado y que, después, lo ha podido representar.

Y esta ha sido su manera de superar la angustia y tranquilizarse.

Cuando la maestra se va de la clase, piensa en cómo motivar a ReMi para que se relacione con sus compañeros.
Cree que con las notas Fa+Sol de la bocina, se podría componer una canción en la cual participen ReMi y sus compañeros.
Habla con el maestro de música y este quiere preparar una melodía sencilla que pueda ser interpretada conjuntamente por toda la clase.

El maestro escribe una partitura con notas de colores, como los del arco iris.

La letra de la canción es el nombre de las notas musicales.
Expresamente, se ha buscado una letra vacía de significación porque puede resultar más agradable para el niño que tiene dificultad en aceptar la intencionalidad que hay en las palabras.

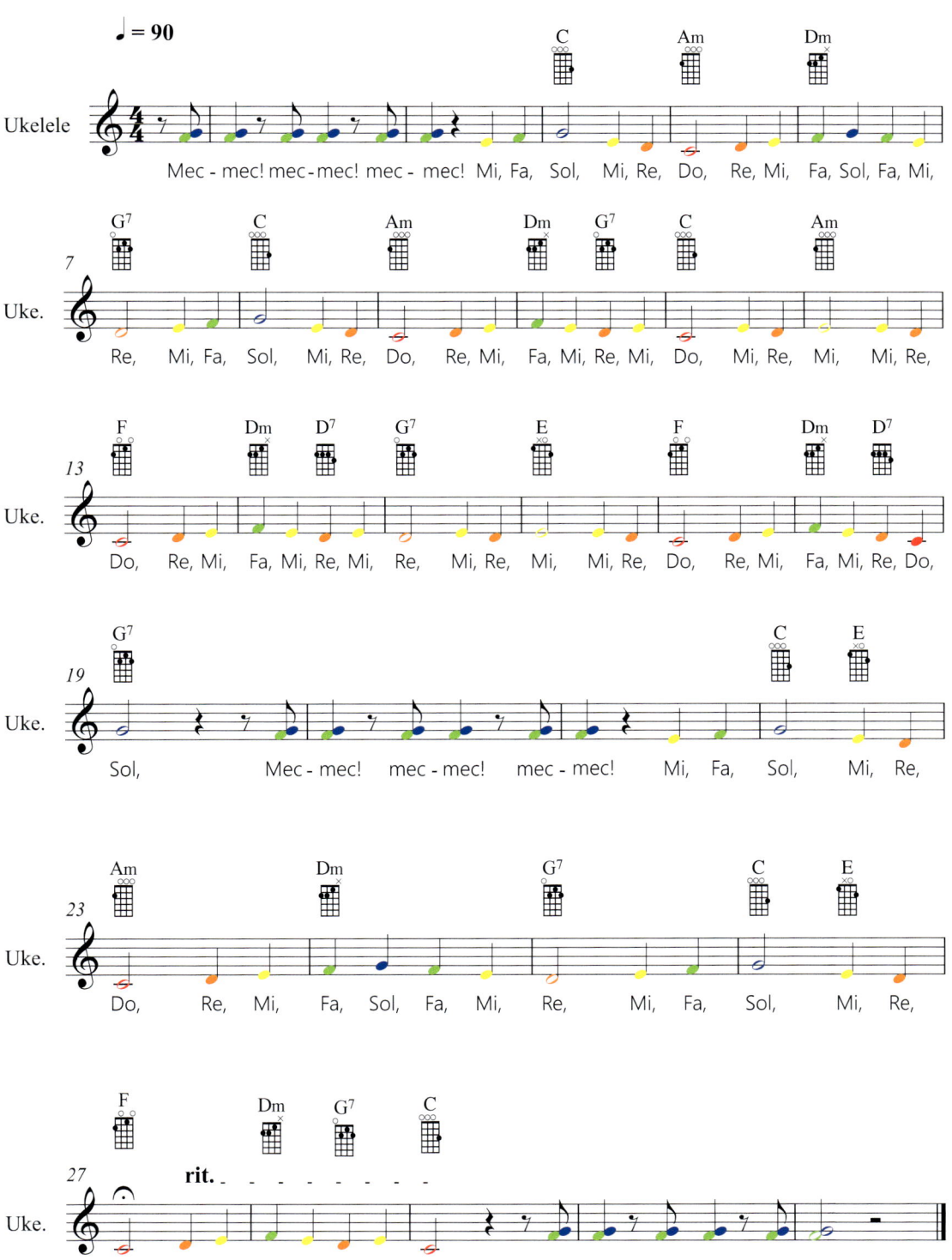

Y para favorecer la iniciación en la música, por la que pueden mostrar afinidad.

Después, se podrá improvisar una letra.
El maestro tiene unos tubos musicales (boomwhackers) que corresponden en color con las notas musicales. Los tubos suenan al percutir con algún objeto.

El maestro de música va a la clase y reparte los tubos a los niños. Cada uno tiene una de las cinco notas y hará sonar el tubo cuando lo indique el maestro.

La canción comienza cuando ReMi toca, en el teclado, por tres veces el "mec-mec" y, acto seguido, los niños van ligando la melodía, haciendo sonar los tubos, tal como se muestra en la partitura y el maestro les indica.

Se anima a los padres — y a quienes quieran participar — que cojan instrumentos como el xilófono, la flauta, el ukelele, el teclado, la pandereta... y, después de un breve ensayo,

TOCAN CONJUNTAMENTE LA CANCIÓN
MEC-MEC!

¿POR QUÉ ESTA CANCIÓN?

Mec-mec es el título de la canción que forma parte del cuento musical inclusivo *ReMi, un niño que hace solo.* La canción es una metáfora de un acto de inclusión. Se quiere representar cómo se puede elaborar un acto de inclusión con la creación y la interpretación de la canción.

En el cuento, el mec-mec pasa por diferentes momentos.

Al principio, es el sonido de la bocina del transporte escolar que resulta angustiante para el protagonista. Es un sonido intrusivo que le llega de manera invasiva, que le resulta incomprensible y no puede defenderse de otra manera que tapándose los oídos con las manos. En este momento, el niño está en una posición pasiva, de padecimiento, ante un sonido inesperado e indeseable.
En el momento que ReMi entra en el aula, hay un cambio en su posición subjetiva. Pasa de ser pasiva, respecto al sonido, a ser activa. Entonces, es él quien provoca el sonido, al buscar las notas del teclado que producen un sonido que se asemeja al de la bocina del bus. Con esta tentativa de encontrar un sonido, con las notas Fa+Sol, las cuales le evocan el sonido angustiante de la bocina, está gestando la representación — poner en palabras aquello que le ha angustiado — que le puede servir para controlar la angustia. Habitualmente los niños se sirven del juego, para controlar o superar aquello que les inquieta. Y si ellos, principalmente, lo hacen con el juego, los adultos, lo hacen con las palabras. El protagonista del cuento ha encontrado la manera de controlar la angustia ante el sonido invasivo, al localizar uno semejante en el teclado y es capaz de reproducirlo bajo su control. Con la onomatopeya del "mec-mec", entra en el mundo de la palabra y regula su angustia. Pero mientras está realizando esta operación subjetiva de control de la angustia, su actividad distorsiona e incomoda el funcionamiento de la clase y el trabajo de la maestra. Para él tiene mucho sentido lo que está descubriendo, pero para la clase representa una molestia que dificulta la actividad del grupo de la cual, él, queda al margen.
El "mec-mec" que había angustiado a ReMi viene a ser como la incomodidad que ahora ReMi, sin pretenderlo, ocasiona a la clase. La maestra y los niños no encuentran ningún sentido a la actividad de ReMi y esperan que haga lo que tiene sentido para la mayoría.
Será en el momento que la maestra hable de sus preocupaciones con su compañera y, que esta le explique que lo que hace ReMi es lo que hacen los niños con autismo para regular su angustia, cuando podrá disponerse a encontrar un sentido a lo que está haciendo. Esta manera particular de ReMi de autoregularse, contrasta con las maneras de hacer más habituales entre los otros niños. La manera de hacer de ReMi, que para él puede tener mucho sentido, puede ser que no tenga ninguno para la persona que le observa, ya que puede estar muy alejado de lo que mucha gente puede considerar como lo normal. Pero que para el observador no tenga sentido, no quiere decir que para el niño con autismo no lo tenga.
Entonces, la pregunta que nos conduce a la inclusión es: ¿Qué sentido puede tener para él? No para nosotros. Esto es como pensarse a uno mismo como si fuera la otra persona. Por eso, la inclusión, parte del hecho de estar dispuesto a operar un cambio en uno mismo que, si se hace, puede dar lugar a que el niño también lo pueda hacer, ya que los sujetos con autismo necesitan de un otro que los acompañe y que haga de guía que les siga.

El sonido invasivo de la bocina resulta angustioso para el niño porque no tiene la manera de regularlo, de entrada, y el sonido de las notas Fa+Sol resulta desagradable a la maestra y la clase porque no tiene, también de entrada, ningún sentido. Será cuando el niño pueda regular su angustia, con su invención musical y la palabra, y los otros le encuentren un sentido, cuando se puede producir un encaje como el que tiene lugar al interpretar la canción conjuntamente.

La canción toma como punto de partida el "mec-mec" para representar la incorporación a la clase del comportamiento de ReMi, que en un primer momento se había tomado como algo a rectificar y que ahora pasa a formar parte integrada en el funcionamiento colectivo. El "mec-mec" viene a ser el punto de partida de la canción, que se irá construyendo con la implicación de toda la clase.

La letra de la canción es, de manera expresa, el nombre de las notas que la componen, para intentar vaciarla de sentido y facilitar la introducción del lenguaje musical llamando las notas por su nombre. Más adelante, se podrá utilizar esta melodía e improvisarle una letra con más intencionalidad.

Los sujetos con autismo, cuando entran en el mundo de la palabra y de la relación, a través de esta, pueden entender el mensaje que se les dirige, pero tienen dificultad para identificarse con él. Este obstáculo en identificarse se confunde con el hecho de no haberlo entendido. La dificultad principal no es la de entender sino haber de responder tal como el otro sujeto espera que haga cuando le dirige un reclamo. En las demandas que se le hacen, se encuentra con la intencionalidad del otro, con la que tienen dificultad para identificar-se y hacerla suya.

Lo que popularmente se dice de los sujetos con autismo que «no hace caso», si se toma en cuenta, puede convertirse en la manera de «hacer caso», si se pone en línea con la sugerencia que planteaba Donna Williams al decir: Quiero un guía que me siga. Si hacemos una distinción entre el lenguaje verbal y el musical, podríamos decir que al sujeto con autismo le resulta más accesible el musical. Es conocida la afinidad por la música de los sujetos con autismo.

Entonces la pregunta sería: **¿Cómo utilizar la música para dar lugar a la palabra?** ¿Cómo usarla para facilitar los vínculos personales, los aprendizajes, el contacto con el placer...? Y la canción viene a simbolizar un acto de inclusión —como pasa entre letra y música al crear una canción— que comienza con un mec-mec que se transforma al unirse con la melodía.

Miquel Gómez
Psicólogo-Psicoanalista
Associació TEAcords